Le paiement du courrier sur le chemin de fer de Burlington

Relevés de l'espace réservé aux voitures et de toutes les installations fournies pour le courrier du gouvernement et pour les express et les passagers dans tous les trains de voyageurs du chemin de fer de Chicago, Burlington et Quincy

Anonyme

Writat

Cette édition parue en 2023

ISBN : 9789358811261

Publié par
Writat
email : info@writat.com

LE PAIEMENT PAR COURRIER SUR LE
Chicago, Burlington & Quincy Railroad

Le système actuel selon lequel le gouvernement emploie les chemins de fer pour transporter le courrier a été établi en 1873, il y a trente-sept ans. Dans le cadre de ce système, le ministère des Postes désigne entre les villes nommées sur chaque chemin de fer du pays une soi-disant « route postale » qui doit être établie. Le Congrès prescrit une échelle de tarifs pour le paiement par mile de cette route postale et par an, basée sur le poids moyen du courrier transporté quotidiennement sur la route, « avec la fréquence et la vitesse appropriées », et selon des « règlements » promulgués de temps à autre par le Département de la Poste. A cela s'ajoute une certaine allocation pour le transport et l'utilisation de wagons postaux construits et exploités exclusivement pour le courrier, en fonction de leur longueur. Le taux annuel de dépenses de tous les chemins de fer pour le service postal sur toutes les routes en service au 30 juin 1909 était de 44 885 395,29 $ pour le poids du courrier, et pour les wagons postaux de 4 721 044,87 $, le « payant de wagon », soi-disant, étant de neuf et cinq. dixièmes pour cent du salaire total. Le paiement au poids constitue donc la véritable base de l'indemnisation des chemins de fer. Cependant, le tarif lui-même varie selon les différentes routes postales à un degré qui n'est ni scientifique ni tout à fait raisonnable. Le taux par tonne ou par cent livres sur une route transportant un petit poids est vingt fois plus élevé que celui qui est payé sur une route transportant le poids le plus lourd. Le gouvernement s'approprie ainsi à son avantage une application extrême du principe du gros et exige un taux bas pour les gros envois, principe qu'il dénonce comme une discrimination injuste s'il est pratiqué en faveur des chargeurs privés par le gros. L'effet de l'application de ce principe a été de réduire considérablement le tarif moyen du courrier d'année en année à mesure que l'activité augmente. Cette réduction à taux constant a été décrite par l'hon. Wm. H. Moody (maintenant M. le juge Moody de la Cour suprême des États-Unis) dans son rapport distinct en tant que membre de la Commission Wolcott dans la langue suivante :

"La loi actuelle prescrivant le paiement du courrier ferroviaire abaisse automatiquement le tarif sur n'importe quel itinéraire donné à mesure que le volume du trafic augmente. M. Adams montre que, par l'effet normal de cette loi, le tarif par tonne-mile est de 1,17 $, lorsque le poids quotidien moyen du courrier est de 200 livres, et, décroissant avec l'augmentation du volume, il devient 6,073 cents lorsque le poids quotidien moyen est de 300 000 livres.

NOTE. — Depuis 1907, les chemins de fer sont payés à des taux très réduits. Sur les routes lourdes, le salaire est désormais de 5,54 cents par tonne et par mile.

Les responsables du ministère des Postes ont annoncé, comme conclusion des résultats de la pesée spéciale de 1907, que la longueur moyenne du parcours de tout le courrier est de 620 milles.

La majeure partie du courrier est maintenant transportée sur les routes lourdes à 5,54 cents la tonne par mile, ou 34,34 $ la tonne pour le transport moyen, soit un cent et sept dixièmes la livre.

Les chemins de fer reçoivent donc moins d'un cent et trois quarts par livre pour transporter la plus grande partie du courrier.

Mais la réduction des tarifs pour les quantités en gros n'a pas eu pour effet de réduire la rémunération réelle des chemins de fer pour le transport du courrier dans une mesure aussi grande que les besoins croissants en espace excessif pour la distribution du courrier en cours de route . Cette caractéristique a également été discutée par le juge Moody dans son rapport dans la langue suivante :

"La règle de transport invoquée repose sur l'hypothèse que l'augmentation du trafic permet l'introduction d'une économie accrue, notamment celle qui aboutit à charger les wagons de telle sorte que le rapport entre le poids mort et le fret payé diminue. Pourtant, cette économie est précisément ce que notre méthode de transport du courrier refuse aux chemins de fer. Au lieu de permettre aux wagons de courrier, qu'il s'agisse d'appartements ou de wagons postaux complets, d'être chargés à leur pleine capacité, le gouvernement exige que les wagons soient légèrement chargés afin qu'il y ait suffisamment d'espace pour le tri et la distribution du courrier en cours de route. Autrement dit, au lieu d'un wagon de marchandises, un bureau de poste ambulant.

Une illustration de l'ampleur avec laquelle les réductions ont été réalisées, comme le montre un réseau ferroviaire, est donnée dans la lettre du 21 janvier 1909, adressée au Comité des bureaux de poste et des routes postales de la Chambre des représentants par M. Ralph Peters, président du Long Island Railroad, qui déclare que le coût réel pour sa société du transport du courrier des États-Unis pour l'année était de 122 169 $, tandis que la compensation totale pour ce service payée par le gouvernement était de 41 196 $. M. Peters dit :

"La Long Island Company a reçu du gouvernement pour le service postal effectué dans des trains de voyageurs coûteux la moitié du tarif qu'elle recevait par wagon-mile pour le fret de classe moyenne dans les trains de marchandises à vitesse lente."

La Long Island Company a informé le gouvernement qu'elle refuserait de transporter le courrier par les méthodes actuelles coûteuses, à moins que le Congrès ne prévoie une compensation plus adéquate. Une notification d'importation similaire a été donnée par la New York, New Haven & Hartford Railroad Company, le principal transporteur de la Nouvelle-Angleterre. Leur position dans cette affaire sera sans doute adoptée par d'autres routes, parce que la même situation de compensation insuffisante prévaut sur des centaines de petits chemins de fer et routes postales, surtout dans les États du Sud et de l'Ouest.

Malgré ces faits, un groupe d'intérêts puissant, qui attire l'attention du public et tire un grand profit du tarif postal d'un cent par livre, a, afin de détourner l'attention du public d'eux-mêmes, pendant des années, a fait circuler assidûment et systématiquement de fausses statistiques et de fausses déclarations parmi la population concernant les salaires du courrier des chemins de fer, et il les fait maintenant circuler.

L'ampleur avec laquelle le public est trompé concernant la rémunération du courrier ferroviaire est révélée quotidiennement. Lors d'une récente audition devant le Comité sénatorial des bureaux de poste et des routes postales, le sénateur Carter du Montana a déclaré :

"Nous recevons tous des lettres à ce sujet. J'ai reçu l'autre jour une lettre d'une dame très intelligente du Montana affirmant que le gouvernement paie au Northern Pacific Railway sur cette ligne secondaire pour le transport du courrier 97 000 $ par an. En s'enquérant auprès de Au ministère des Postes, je constate que la rémunération totale de la Northern Pacific Company pour le service postal sur cette ligne est de 3 070 $ par an.

Cet état de choses était une raison suffisante pour que le Département des Postes institue la présente série d'enquêtes tendant à montrer l'espace dans les trains de voyageurs sur les chemins de fer demandé et utilisé par le gouvernement pour le courrier, en comparaison avec l'espace consacré aux trains express et aux voyageurs. service, et les taux relatifs de compensation dans chaque classe de service et la mesure dans laquelle les routes reçoivent pour le transport du courrier le coût de l'exécution du service. Afin de donner à ces faits un juste examen, il n'est pas nécessaire d'admettre que « l'espace » est, ou n'est pas, une base meilleure et plus pratique pour déterminer ce qu'est une rémunération postale raisonnable que le « poids », ni d'admettre que les entreprises sont n'a droit qu'à être payé par le gouvernement pour le service qui lui est rendu au strict coût de la prestation de ce service, c'est-à-dire à récupérer les frais d'exploitation du train. Les questions de vitesse et d'équipements fournis, ainsi que le caractère préférentiel du trafic et la valeur exceptionnelle du service, ainsi que d'autres éléments, doivent être pris en compte au même titre que l'espace et le coût, mais ce n'est pas une raison pour laquelle la proportion relative de l'espace utilisé et la Le rapport entre l'indemnisation et le coût ne devrait pas être déterminé et pris en compte lors de l'examen de la question importante de savoir ce qu'est une rémunération postale adéquate pour les chemins de fer.

Les pages suivantes sont basées sur les réponses aux demandes de renseignements du ministère des Postes et contiennent une déclaration du service postal assuré par la Chicago, Burlington and Quincy Railroad Company, un système s'étendant vers l'ouest de Chicago dans onze États différents et couvrant environ dix mille milles. des lignes principales et secondaires.

Les deux principaux tableaux d'interrogatoires ont été envoyés sous la date du 28 septembre 1909 par le Département des Postes comme base de cette enquête.

Ces tableaux indiquent la manière minutieuse et approfondie avec laquelle le ministère a procédé à cette enquête.

Quelques questions s'étant posées quant au sens et à la portée du mot "autorisé" à propos des restitutions d'espace occupé et utilisé pour le courrier dans les voitures postales et les appartements, et dans certains autres lieux, le Département, en date du 23 octobre, 1909, a publié une importante lettre d'instructions supplémentaire.

Conformément à ces interrogatoires, instructions et demandes, la Burlington Company a déposé auprès du ministère les relevés exacts et détaillés, train par train et voiture par voiture, du service postal sur chacune des cent deux routes postales de son réseau, grandes et petits, pour le mois de novembre 1909, qui étaient ainsi réclamés. Ces réponses exposent les faits et les exposent de la manière prescrite dans la mesure du possible. Chaque pouce d'espace sur les trains de voyageurs et les wagons qui, dans ces tableaux, est occupé ou utilisé pour le courrier ou l'express ou pour les passagers est déterminé à partir de mesures réelles effectuées, wagon par wagon, et non sur la base d'une « estimation » ou d'une « consistance ». base.

En annexe se trouvent quatre tableaux préparés sous la direction et la supervision de M. DeWitt qui contiennent les résultats de cette enquête sur le service postal sur le Burlington, tels que divulgués dans ces déclarations.

La pièce A est un état des installations ou de l'espace utilisé dans chaque voiture en service sur la route au cours du mois de novembre pour le courrier et pour l'express ou occupé par des passagers sur la base des réponses aux questions prescrites dans le formulaire 2601.

La pièce B est un relevé des installations de la gare, fournies pour le courrier, préparé sur le formulaire 2602.

La pièce C est un état des revenus et dépenses ainsi que du kilométrage des trains et des voitures, préparé sur le formulaire 2603.

La pièce D est une déclaration du nombre, du coût et de la valeur actuelle des voitures de poste et des voitures d'appartement, préparée sur le formulaire 2605.

L'INTÉGRITÉ DES RETOURS.

En novembre 1909, tout le service rendu dans tous les trains de voyageurs et wagons du système de Burlington, réduit à une base commune de milles-pieds-voiture (c'est-à-dire chaque pied d'espace linéaire transporté sur un mille), s'élevait à 529 936 590 pieds-voiture. milles, répartis comme suit :

Dans le service aux passagers.	Courriers.	Exprimer.
428 164 920	62 246 130	39 525 540
(80,8%)	(11,75%)	(7,45%)

La circulaire originale du ministère des Postes contenait certaines « notes », selon lesquelles, en déclarant la longueur des wagons postaux et des wagons-appartements, ainsi que l'espace qu'ils contiennent utilisé pour le courrier, les compagnies de chemin de fer ne devraient déclarer que la longueur ou l'espace « autorisé ». par les fonctionnaires du Département; également qu'en signalant l'espace utilisé dans les wagons pour ce qu'on appelle le « service de pochettes fermées », les chemins de fer devraient prévoir une allocation arbitraire de six pouces linéaires à travers le wagon pour les 200 premières livres ou moins du poids quotidien moyen du courrier en pochette et trois pouces linéaires pour chaque 100 livres supplémentaires.

Ces instructions furent modifiées par la lettre circulaire subséquente du Ministère, datée du 23 octobre 1909.

Cette lettre, entre autres choses, ordonne à l'entreprise de s'attribuer le crédit de l'espace « excédentaire » dans les wagons de poste et les wagons d'appartements, s'il est effectivement utilisé pour le stockage du courrier.

Les difficultés pratiques liées à la mesure et à l'attribution appropriée de l'espace utilisé pour le courrier dans les wagons postaux et autres circulant sur un train de voyageurs seront mieux comprises lorsqu'on saura qu'un tel espace est ou peut être décrit d'au moins huit manières différentes, et est effectivement utilisé sur la route de Burlington comme suit, à savoir :

1. Place dans les wagons postaux spécialement « autorisés » (43,03 %).

2. Places dans les voitures particulières spécifiquement « commandées » (20,69 %).

3. Places commandées dans des wagons postaux exploités à la place des wagons-appartements (4,3 %).

4. Surface supplémentaire effectivement utilisée pour le stockage du courrier lorsque l'entreprise ferroviaire exploite des wagons postaux ou des wagons-appartements plus grands que ne le prévoit l'autorisation (1,5 %).

5. Espace dans les wagons de stockage effectivement utilisé pour le courrier (12,87 %).

6. Espace dans les fourgons à bagages utilisé pour le courrier en pochettes fermées (4,06 %).

7. Le mouvement de retour tête haute de l'espace ordonné et requis dans une seule direction (8,35 %).

(Quatre-vingt-quinze pour cent de tout "l'espace" indiqué dans ces déclarations pour le Burlington, tel qu'utilisé pour les courriers, entre dans les sept classes précédentes, en tant qu'espace dûment autorisé sur lequel aucune question ne peut se poser.)

8. Espace « excédentaire » ; c'est-à-dire l'espace fourni au gouvernement dans les bureaux de poste et les wagons-appartements au-delà des besoins réels (5,2 %).

Ces cinq pour cent constituent la seule partie de l'espace revendiqué comme étant utilisée pour le courrier au sujet de laquelle toute question peut être soulevée, affectant l'intégrité de ces retours.

Quel est le point de vue correct concernant ces cinq pour cent ?

Il est manifestement contraire à l'intérêt de la compagnie ferroviaire de fournir un espace pour le courrier qui n'est pas nécessaire, et elle ne fournira jamais un tel espace si cela peut être évité. Mais les « exigences » du ministère des Postes ne sont en aucun cas fixes et certaines quantités. Il est tout à fait impossible pour une compagnie de chemin de fer de conserver à tout moment une réserve de wagons de toutes longueurs afin de répondre exactement aux besoins des fonctionnaires du ministère.

Ces statistiques ont été demandées par le Département des Postes pour lui permettre de faire des comparaisons précises entre l'espace utilisé et les installations fournies à bord des trains de voyageurs pour les trois classes de services effectués, à savoir pour les sociétés de courrier express, pour le Gouvernement dans le transport du courrier. , et pour les passagers. Le but de toute cette enquête est le suivant :

Le gouvernement contribue-t-il au coût du service des trains de voyageurs sur les chemins de fer du pays dans sa juste part, c'est-à-dire proportionnellement à l'espace et aux installations qu'il demande et qu'il exige des compagnies qu'elles fournissent pour le courrier ?

Lors de la comparaison, tout l'espace réservé aux voitures dans tous les trains de voyageurs doit être mesuré et compilé et a été mesuré et compilé dans les tableaux soumis ici.

Une voiture de tourisme peut avoir des sièges pouvant accueillir quatre-vingts personnes ; la charge moyenne qu'il transporte peut être de quinze personnes. Mais en constituant ces retours d'« espace », tout l'espace vide de cette voiture est crédité comme espace pour les passagers. Ce wagon peut également être chargé dans un seul sens et restitué « tête morte », mais ces retours ont crédité ce mouvement de retour comme étant de l'espace pour les passagers.

Il en va de même pour le service express dans ces retours. Tout l'espace dans tous les bagages et wagons express réservé à l'usage de la compagnie express est, dans ces tableaux statistiques, crédité au express, qu'il soit effectivement chargé ou « excédentaire », ou « tête morte ».

Comment une comparaison est-elle possible, à moins que l'espace crédité aux mails ne soit enregistré de la même manière ? Comme indiqué ci-dessus, seulement cinq pour cent de l'espace total sont impliqués dans la question de l'espace « excédentaire », et si ces cinq pour cent devaient être entièrement rejetés, les résultats en pourcentage ne seraient pas sensiblement modifiés.

RÉSULTATS SUR LA ROUTE DE BURLINGTON.

Le gouvernement ne peut pas légitimement demander à une compagnie ferroviaire de transporter le courrier sans profit.

Le commerce des voyageurs sur la route de Burlington est mené sans profit si on lui impute les dépenses attribuables au trafic de passagers, et une proportion appropriée des dépenses non spécifiquement attribuables, et une part équitable des impôts et des charges sur le capital sous la forme des intérêts sur les obligations et des dividendes sur les actions. Le profit de l'entreprise provient du fret.

Ce fait donne force à l'enquête actuelle du Département des Postes pour déterminer si le gouvernement, proportionnellement au service et aux installations qu'il exige des routes sur les trains de voyageurs, contribue dans une proportion équitable aux revenus des trains de voyageurs. Si le secteur des trains de voyageurs, dans son ensemble, est exploité à perte, le gouvernement devrait, en toute équité, assumer au moins sa part de la perte.

Les revenus de la Burlington Company provenant de tous les services de trains de voyageurs en novembre étaient de 2 242 099 $.

Le tableau suivant montre les revenus des voyageurs, du courrier et des express, ainsi que l'espace utilisé dans les trains de voyageurs par les trois classes de trafic et la proportion des revenus contribués pour les installations ainsi utilisées :

	Gains.		*Miles de pied en voiture.*	
Passagers	1 859 839 $	(82,95%)	428 164 920	(80,80%)
Exprimer	187 825	(8,38 %)	39 525 540	(7,45 %)
Courriers	194 435	(8,67 %)	62 246 130	(11,75%)
Total	2 242 099 $		529 936 590	

Ce tableau montre que pour chaque millier de pieds d'espace utilisé dans les trains de voyageurs, les trois classes de trafic de passagers ont contribué aux revenus comme suit :

Passagers	4,34 $	139,1%
Exprimer	4,75 $	152,2%
Courriers	3,12 $	100%

En proportion de l'espace occupé et des installations utilisées sur les trains de voyageurs, la route de Burlington reçoit des passagers 39 pour cent de plus que ce que le gouvernement paie pour le transport du courrier, et de la Adams Express Company 52 pour cent de plus ; c'est-à-dire que le secteur des services express rémunère la compagnie ferroviaire mieux que ce que le gouvernement paie pour le transport du courrier, à hauteur de 52 pour cent.

Si le gouvernement avait payé à la compagnie ferroviaire autant qu'à la compagnie express pour chaque pied d'espace requis et utilisé sur les trains de voyageurs, il aurait payé, pour novembre, 101 233 $ de plus que ce qu'il a payé, soit une augmentation du salaire postal annuel de plus d'un million de dollars.

Il peut être intéressant de noter que les déclarations du système de Pennsylvanie qui viennent d'être déposées montrent ce qui suit :

	Gains.	*Miles de pied en voiture.*
Passagers	79,8%	76,2%
Exprimer	12,6%	13,7%
Courriers	7,6%	10,1%

Pour chaque 1 000 pieds d'espace réservé aux trains de voyageurs utilisé sur le Pennsylvania, le trafic a contribué aux revenus comme suit :

Passagers	4,45 $	139%
Exprimer	3,91	122%
Courriers	3.20	100%

Sur la Pennsylvanie, l'activité passagers vaut pour cette compagnie 39 pour cent de plus que l'activité courrier du gouvernement, et l'activité express vaut 22 pour cent de plus que le courrier, ce qui indique que les tarifs express sont relativement plus élevés à l'Ouest qu'à l'Est, mais que ni à l'Est ni à l'Ouest il n'est rentable de transporter le courrier aux tarifs actuels.

LE GOUVERNEMENT PAIE-T-IL AUX CHEMINS DE FER POUR LE TRANSPORT DU COURRIER LE COÛT DES TRAVAUX ?

Non. Le gouvernement a payé à CB & Q. pour le transport du courrier en novembre 194 435 $, soit au taux de 2 333 220 $ par an.

Les dépenses totales d'exploitation de la route pour ce mois étaient de 5 452 830 $.

Les postes de charges d'exploitation des trains de voyageurs strictement attribuables sont les suivants :

Frais de transport		454 208 $
Moteurs de carburant pour passagers	132 709 $	
Salaires ingénieurs passagers	100 511	
Salaires des agents de train voyageurs	87 557	
Fournitures de train, etc.	55 664	
Blessures aux personnes	19 904	
Employés de la gare	17 160	
Cours et terminaux communs	15 610	
Divers	25 093	
Entretien des équipements		107 626 $
Réparations, voitures particulières	67 650 $	

Amortissement, voitures particulières	39 639	
Divers	337	
Frais de circulation		48 971 $
Publicité	17 249 $	
Agences extérieures	16 673	
Surveillance	10 272	
Divers	4 777	
Entretien du chemin, etc.		12 970 $
Bâtiments et terrains	7 053 $	
Pistes communes, etc.	4 440	
Divers	1 477	
Frais généraux		13 580 $
Salaires, commis, etc.	8 994 $	
Assurance	2 478	
Frais juridiques	1 153	
Divers	955	
Total		637 355 $
Proportion des charges d'exploitation non cessibles		1 278 016 $
Total		1 915 371 $

Une grande partie des dépenses d'exploitation de chaque chemin de fer, telles que l'entretien des routes, les dépenses des gares, les dépenses générales de bureau, etc., sont communes à la fois au service de marchandises et aux services de voyageurs, et il semble impossible de les attribuer toutes spécifiquement. Le ministère des Postes, dans la circulaire sous laquelle les routes sont déclarées, reconnaît cette condition et réclame la "proportion" de la dépense "non directement attribuable et la base de cette répartition".

La répartition des dépenses non attribuables sur le Burlington a été effectuée sur la base du kilométrage des trains.

Au mois de novembre , le kilométrage des trains de voyageurs représentait quarante-cinq et quatre dixièmes pour cent du kilométrage total des trains, et la somme ci-dessus (1 278 016 $) de dépenses incessibles est de quarante-cinq et quatre dixièmes pour cent du dépenses d'exploitation pour ce mois, communes aux deux types de trafic, et donc impossibles à affecter spécifiquement à l'un ou l'autre.

Ces deux catégories de dépenses de passagers (cessibles et non cessibles) totalisent 1 915 371 $ par mois, soit au taux de 22 984 452 $ par an, et 11,75 pour cent de cette somme, ou 2 700 675 $, représentent les frais d'exploitation annuels de la Burlington Company pour le transport du gouvernement. courriers.

Coût du transport du courrier	2 700 675 $
Gains provenant du transport du courrier	2 333 220
Perte	367 455 $

Ces chiffres démontrent que, proportionnellement au service rendu, le gouvernement a payé à cette entreprise 367 455 $ de moins que le coût réel de réalisation des travaux, sans rien inclure des taxes, ni des intérêts payés par l'entreprise sur sa dette financée, qui étaient nécessaires à payer, afin de préserver la propriété, sans parler du rendement du capital représenté par le capital-actions.

La proportion correcte des taxes et intérêts du courrier pour l'année est de 634 713 $, ce qui, ajouté à la perte de 367 455 $ au-dessus des dépenses d'exploitation, montre une perte de 1 002 168 $:

Perte, dépenses d'exploitation sur revenus	367 455 $
11,75% des taxes et intérêts	634 713

Perte annuelle sur les courriers	1 002 168 $

Ceci ne tient pas compte de la valeur annuelle à deux cents le mille du transport des inspecteurs et employés des postes, autres que les commis chargés des courriers (74 352 $), ni des commis chargés des courriers (746 340 $).

Ces deux articles de service rendus au Gouvernement par le chemin CB & Q. sont d'une valeur admise de $820,692 annuellement.

La compagnie ferroviaire a le même devoir et la même responsabilité légale à l'égard de ces employés qu'à l'égard des passagers.

Existe-t-il une autre façon équitable de tester cette question ?

Dans une lettre datée du 2 mars 1910, de l'hon. Frank H. Hitchcock, ministre des Postes, à l'hon. John W. Weeks, président du comité des postes de la Chambre, dans son intégralité ci-joint, déclare qu'il est estimé que le coût annuel moyen pour les chemins de fer de l'exploitation d'un wagon de poste pour le gouvernement est de 19,710 $, y compris 2,049 $ pour l'éclairage. chauffage, réparations, etc., et que le salaire moyen total reçu pour la voiture et son contenu, y compris le salaire des voitures de poste, est de 16 638 $ par an, ce qui montre une perte dans cette branche du service de 3 073 $ par voiture. Il y a 1 111 wagons postaux complets en service réel dans le pays, et la perte y relative s'élève donc à 3 414 103 $, sans parler des 231 wagons postaux en réserve.

Mais c'est la plus petite partie de la perte. Il y avait 3 116 voitures d'appartement en usage réel en 1909, mesurant en moyenne vingt pieds de longueur, et le coût d'exploitation de chacune d'entre elles, selon les chiffres de M. Hitchcock, serait d'un tiers de 19 710 $, soit 6 570 $.

Le trajet moyen des voitures d'appartement est de 48 miles, et la charge moyenne dans une voiture d'appartement de vingt pieds est officiellement déclarée à 607 livres, ce qui fait que le tarif par mile sur les itinéraires transportant un poids quotidien moyen de seulement 607 livres, soit 68,40 $ par an, et le salaire moyen est donc de 3 283 $ par année, une perte moyenne de 3 287 $ par voiture et une perte réelle par année liée à l'exploitation des 3

116 voitures-appartements de 10 642 292 $, sans parler des 639 voitures-appartements en réserve.

La CB & Q. possède 76 wagons de poste complets et 104 wagons d'appartements, et en leur appliquant les chiffres ci-dessus donnés dans la lettre de M. Hitchcock, la perte liée à leur exploitation en 1909 était de 575 396 $, auxquels s'ajoutent 634 713 $, la proportion des taxes du courrier. et les intérêts, qui doivent être inclus dans l'estimation du « coût », auquel l'entreprise du gouvernement devrait partager, la perte estimée sur l'entreprise était de 1 210 109 $, comparativement à 1 002 168 $, obtenue en imputant à l'entreprise du gouvernement 11,75 pour cent des dépenses des passagers, c'est-à-dire sa proportion de l'espace utilisé dans les trains de voyageurs.

Le gouvernement devrait être prêt à payer équitablement ce qu'il exige des chemins de fer, et il exige de la CB & Q. 11,75 pour cent de ses installations ferroviaires de voyageurs. Si elle avait payé 11,75 pour cent des dépenses liées aux trains de voyageurs de la route en 1909, elle aurait payé environ un million de dollars de plus que ce qu'elle a payé.

Le gouvernement qui exige des chemins de fer qu'ils construisent et transportent quotidiennement sur leurs routes à son profit 5 100 bureaux de poste itinérants sous forme de wagons postaux complets et de wagons d'appartements devrait être prêt à payer ce que le ministre des Postes estime être le coût réel d'exploitation de ces wagons . , et une juste proportion des impôts et des intérêts.

Si elle avait payé un tel coût en 1909, elle aurait payé à CB & Q. environ un million de dollars de plus que ce qu'elle a payé.

RÉSULTATS SUR DIVERS ITINÉRAIRES DE COURRIER.

Ce qui précède est un état des résultats du réseau de Burlington dans son ensemble, indiquant les revenus, les dépenses et les installations fournies au service postal du gouvernement.

Il peut être intéressant, et éclairer la situation, de montrer les résultats pour novembre sur plusieurs itinéraires de courrier distincts dans le système, allant des petits itinéraires transportant 200 livres de courrier par jour, jusqu'aux itinéraires transportant respectivement des poids de 1,300, et 8 000 et 20 000 livres par jour, vers l'itinéraire le plus lourd transportant 192 000 livres, couvrant le service postal rapide de Chicago à Omaha.

Les poids des colis express ne sont pas conservés sur des itinéraires postaux distincts et les déclarations de revenus express pour ces itinéraires postaux distincts sont donc nécessairement estimées, mais, comme indiqué dans les tableaux suivants, elles sont à peu près correctes et corroborent les résultats comparatifs pour le système de Burlington en tant que l'ensemble, dont les résultats sont basés sur des chiffres exacts pour les express ainsi que pour les courriers et les passagers.

JE.

Route 157 030, de Kenesaw à Kearney (Nebraska), 24,68 milles. Poids quotidien moyen 216 livres.

	Pourcentage d'espace occupé.	Pourcentage des gains.	Devrait gagner sur la base de l'espace utilisé.	J'ai réellement gagné.
Passager	83,79	88.90	1 238 $	1 314 $
Mail	9.37	6.02	139	89
Exprimer	6,84	5.08	101	75
				1 478 $

Les revenus postaux sur cet itinéraire sont de 89 $ par mois, soit 3,44 $ par jour. Le service pour le gouvernement est effectué dans un wagon d'appartements de quinze pieds de long et un service de valise fermée, quatre trains transportant du courrier quotidiennement, sauf le dimanche, donnant un retour effectif au chemin de fer de trois cents et demi par mile parcouru, soit environ un passager. tarif à trois cents le mile bien que le gouvernement exige l'utilisation d'une voiture de 15 pieds aménagée en bureau de poste dans laquelle un commis des postes est transporté gratuitement, et cette voiture doit être éclairée, chauffée et entretenue, et transportée sur le itinéraire dans chaque sens tous les jours, sauf le dimanche.

Dans cette branche, le revenu réel des passagers par voiture particulière est de 55 cents par voiture-mile.

La voiture d'appartement du bureau de poste équivaut à un quart d'une voiture de tourisme et le courrier devrait, sur cette base, rapporter au moins 14 cents par mile, mais il rapporte, pour l'ensemble du service postal, au taux de 3 ½ cents. par mile, moins les frais de livraison du courrier vers et depuis les bureaux de poste.

Pendant la période de pesée, les courriers sont transportés pendant 90 jours et pesés pendant 90 jours, mais selon l'ordre Cortelyou, ces poids globaux sont divisés par 105 et le résultat est appelé "moyenne" et constitue la base de paiement sur cet itinéraire pour quatre années.

Ce service de courrier dans un bureau de poste itinérant sur une voie ferrée coûteuse est payé environ un tiers du tarif par mile que le gouvernement paie à un transporteur rural qui transporte en moyenne 25 livres de courrier.

II.

Itinéraire 157 028. Odell à Concordia, Kansas. 72 milles. Poids quotidien moyen, 282 livres.

	Pourcentage d'espace	*Pourcentage de gains*	*Devrait gagner de l'espace*	*J'ai gagné.*
Passager	80,82	81.44	2 482 $	2 501 $
Mail	11.76	9h38	361	288
Exprimer	7.42	9.18	228	282
				3 071 $

Revenus postaux 288 $ par mois (26 jours) ou 11 $ par jour.

Ce service nécessite une voiture d'appartement de vingt-cinq pieds dans chaque sens pour laquelle le salaire s'élève à 7,64 cents par voiture-mile parcouru, soit environ le tarif de deux passagers à trois cents par mile qui peuvent occuper un siège.

Le service est de six jours par semaine, mais le poids total transporté au cours des six jours est divisé par sept pour obtenir la « moyenne » Cortelyou sur laquelle est basé le salaire.

Le paiement pour un bureau de poste itinérant de vingt-cinq pieds représente un peu plus de la moitié du salaire au mile pour un transporteur routier rural.

III.

Itinéraire 135 012. Streator à Aurora (Illinois). 60 milles. Poids quotidien moyen, 1 303 livres.

	Pourcentage d'espace	Pourcentage de gains	Devrait gagner de l'espace	J'ai gagné.
Passager	72,84	85,64	4 800 $	5 643 $
Mail	17h38	7.51	1 145	495
Exprimer	9.78	6,85	644	451
				6 589 $

Revenus postaux (26 jours), 495 $ par mois ou 19 $ par jour.

Quatre trains sur cette route transportent du courrier quotidiennement, deux dans chaque sens, deux dans un appartement de courrier de vingt-cinq pieds et deux dans un appartement de courrier de trente pieds, soit un taux de gain moyen de 7,88 cents par kilomètre-voiture.

Les voitures particulières de cette branche transportent en moyenne 24 passagers chacune et gagnent 48 cents par voiture-mile. L'appartement postal moyen meublé équivaut à la moitié d'une voiture de voyageurs.

Ces quatre voitures d'appartement, au même tarif que les voitures particulières (24 cents par mile), gagneraient 18 029 $ par an.

Les revenus des trains de voyageurs sur la succursale s'élèvent à 79 000 $ par an. Les courriers réclament 17,38 pour cent des installations et devraient rapporter sur cette base à l'entreprise 13.730 $.

Les revenus postaux s'élevaient à 5 940 $, soit la compensation annuelle après une réduction de neuf et demi pour cent par l'ordonnance Cortelyou, exigeant que le total de 90 pesées soit divisé par 105 pour déterminer la « moyenne ».

IV.

Itinéraire 164 004. Edgemont à Billings (Wyoming). 366 milles. Poids quotidien moyen, 8 087 livres.

	Pourcentage d'espace	Pourcentage de gains	Devrait gagner de l'espace	J'ai gagné.
Passager	85,79	89.22	85 476 $	88 895 $
Mail	10h43	6.18	10 392	6 156
Exprimer	3,78	4,60	3 766	4 583
				99 634 $

Deux wagons postaux de 60 pieds circulent quotidiennement dans chaque sens.

Les revenus postaux sont de 6 156 $ par mois, soit 205 $ par jour.

Le revenu total des trains de voyageurs sur cette route est de 1 195 000 $ par an, et le courrier exigeait 10,43 pour cent des installations des trains de voyageurs ; sur cette base, ils devraient payer 125 000 $ par an.

Ces wagons de poste parcourent 534 000 milles chaque année. Le ministre des Postes estime que le coût réel pour les chemins de fer de l'exploitation d'un wagon postal de soixante pieds est de 18 cents par mile. À ce tarif, la Burlington Company devrait recevoir 96 000 $ par an uniquement pour le service des wagons postaux.

En fait, tout le service postal sur cette route est payé 73 872 $ par an.

V.

Itinéraire 135 010. Galesburg à Quincy (Illinois). 99,93 milles. Poids quotidien moyen, 19 727 livres.

	Pourcentage d'espace	Pourcentage de gains	Devrait gagner de l'espace	J'ai gagné.
Passager	69.45	79.44	28 864 $	33 015 $
Mail	19h70	8h45	8 187	3 511

Exprimer10h85   12.11   4 509   5 034

41 560 $

Revenus postaux de toutes sources 3 511 $ par mois, ou 117 $ par jour.

Le service est assuré dans trois wagons postaux de 60 pieds, deux appartements de 16 pieds et un appartement de 27 pieds, dans chaque sens quotidiennement ; également un wagon postal de 44 pieds et un wagon de stockage complet, tous les jours sauf le dimanche, en plus d'un espace aménagé pour les valises fermées dans les fourgons à bagages ordinaires.

L'espace réservé aux voitures pour le courrier sur cette route équivaut à dix voitures pleines de soixante pieds par jour, sur toute la longueur de la route, soit 365 000 miles-voitures par an. À 18 cents le mile, le salaire serait de 65 700 $, alors que le salaire réel n'est que de 42 132 $. Si le gouvernement payait le service proportionnellement aux installations qu'il demande et reçoit, il paierait 98 244 $.

VI.

Itinéraire 135 007. Chicago à Burlington (205 milles). Poids quotidien moyen, 192 540 livres.

	Pourcentage d'espace	Pourcentage de gains	Devrait gagner de l'espace	J'ai gagné.
Passager	73.14	74,72	210 134 $	214 671 $
Mail	17h19	13.74	49 387	39 462
Exprimer	9.67	11h54	27 782	33 170
				287 303 $

Compte tenu de l'espace utilisé et des installations prévues pour le courrier, la route de Burlington est sous-payée de 119 000 $ par année sur cette route.

Les deux tiers du poids du courrier sont transportés dans des trains spéciaux circulant à grande vitesse et à des coûts inhabituels, pour lesquels aucune allocation supplémentaire n'est prévue. L'extension de la route vers Omaha traverse l'Iowa, où elle est « concession de terres », et est soumise aux déductions de concession de terres.

Le gouvernement a fait un « don » à la compagnie en 1856 de terres s'élevant à 358 000 acres et évaluées alors à 1,25 $ l'acre, soit 447 500 $.

Les déductions postales jusqu'au 1er juin 1910, en raison de cette concession de terre dans l'Iowa, totalisent 1 650 000 $ et se poursuivent toujours au taux de 62 000 $ par an.

Ni dans les six états des résultats ci-dessus sur des routes postales distinctes, ni dans l'état général des résultats sur le chemin Burlington, aucune allocation n'a été faite pour les dépenses engagées par la compagnie pour ce qu'on appelle le « service de messagerie postale ».

Partout où le bureau de poste n'est pas à plus d'un quart de mile de la gare ferroviaire, la compagnie ferroviaire doit faire transporter tout le courrier vers et depuis le bureau de poste.

L'extrait suivant du rapport de la Commission Wolcott montre à quel point cela représente une dépense importante :

"Sur 27,000 gares desservies par le service de messagerie, 7,000 sont payées par le ministère à un coût compris entre 1,000,000 et 1,100,000 dollars par an, laissant les 20,000 autres gares être approvisionnées par et aux frais des chemins de fer."

Une enquête a montré que sur les itinéraires postaux, où le salaire moyen de la compagnie ferroviaire est de 900 $ par an, le coût moyen de ce service de courrier est de 400 $, en calculant seulement 100 $ comme dépense pour chaque gare où ils sont tenus d'effectuer le service. . Il existe des cas où l'entreprise paie chaque année en espèces, pour la livraison du courrier entre la gare et le bureau de poste, un montant bien plus élevé que ce que le gouvernement paie pour l'ensemble du service postal sur son tracé routier. Une telle fonctionnalité n'existe pas dans le service express.

POURQUOI LES CHEMINS DE FER TRANSPORTENT-ILS LE COURRIER SANS PROFIT ?

On se demande parfois pourquoi les chemins de fer continuent à acheminer le courrier s'il n'y a aucun profit dans cette activité. Le transport du courrier n'est pas le seul trafic que les chemins de fer acceptent à des conditions qui les mèneraient à la faillite si elles étaient appliquées à toutes leurs activités.

Il n'y a aucun profit à faire circuler des trains de voyageurs sur la plupart des chemins de fer ; c'est-à-dire que les recettes de tout le trafic transporté par les trains de voyageurs ne sont pas suffisantes pour payer une part du kilométrage ferroviaire ou du kilométrage automobile des dépenses d'exploitation et des taxes et redevances pour l'utilisation du capital. Mais une grande partie de ces coûts liés à l'exploitation d'un chemin de fer, tels que les taxes, les intérêts, l'entretien des routes, les dépenses générales de bureau et bien d'autres, resteraient sensiblement les mêmes si les trains de voyageurs étaient interrompus. De toute façon, ayant à payer le chemin de fer, ses impôts, ses intérêts et ses dépenses d'entretien, aucun chemin de fer ne peut se permettre de refuser des revenus provenant des trains de voyageurs qui s'élèvent à plus que leurs coûts d'exploitation ferroviaire. Sur le même principe, ils acceptent des taux bas par mile en tant que part des tarifs passagers directs qui, s'ils étaient appliqués à tous les tarifs passagers, entraîneraient une perte. La route est là, les trains circulent et les wagons ne sont que partiellement chargés ; l'ajout de passagers directs n'augmentera peut-être pas sensiblement les dépenses, et il est préférable pour la route d'accepter l'entreprise à un coût inférieur au coût moyen, plutôt que de la rejeter. Mais ce que perdent les trains de voyageurs doit être compensé par les trains de marchandises si l'on veut que la route continue à fonctionner.

Le but constant des directeurs du chemin de fer est d'assurer à chaque classe de trafic non seulement les frais d'exploitation particuliers à ce trafic, mais une proportion des frais généraux ; mais on ne rejette pas nécessairement les affaires sur lesquelles il est impossible d'assurer une telle proportion.

Beaucoup des raisons qui les poussent à exploiter des trains de voyageurs sans profit s'appliquent à leur acceptation des courriers gouvernementaux. Ils facilitent le commerce du fret ; il vaut mieux les porter à perte que de ne pas les porter du tout.

Mais est-ce une raison pour laquelle le gouvernement ne devrait pas payer la juste valeur de ce qu'il reçoit ? Est-ce une bonne politique de la part du gouvernement d'imposer aux compagnies l'alternative de transporter le courrier à perte ou de refuser de le transporter du tout ?

Quels sont les courriers ?

Ce sont les lettres et les paquets qui sont acheminés d'un bureau de poste à un autre sous l'autorité publique.

Qui les transmet ? Les chemins de fer en transportent les neuf dixièmes.

Les chemins de fer sont le service postal de ce pays. Le ministère des Postes déclare qu'il reçoit des personnes qui utilisent le courrier quatre-vingt-quatre dollars pour chaque cent livres de lettres et de cartes postales. Qui gagne cet argent pour eux ? Les chemins de fer. Ce sont les chemins de fer qui transportent ces lettres et ces cartes d'un bureau de poste à l'autre, et non le gouvernement.

Pour un service comme celui-là, le gouvernement peut se permettre de payer.

Qu'est-ce que ça rapporte ?

Pour la grande majorité des affaires, les compagnies de chemin de fer qui effectuent le travail et gagnent de l'argent reçoivent moins de deux dollars le cent. Pour chaque livre de courrier de première classe, le gouvernement perçoit quatre-vingt-quatre dollars la centaine.

Le fait que le Congrès, à des fins d'éducation générale ou pour d'autres raisons, estime que c'est une bonne politique publique de vendre les magazines et autres articles de seconde classe à un dollar le cent est une chose sur laquelle les chemins de fer n'ont rien à faire et rien à dire. .

Les salaires postaux des chemins de fer ont été réduits au cours des quatre dernières années de plus de huit millions de dollars par an. Une partie de cela a été réalisée par une loi du Congrès, mais la plus grande partie est venue de l'ordre arbitraire et illégal de Cortelyou.

Ces réductions ont été effectuées sans qu'aucune audience ne soit accordée aux chemins de fer. Les audiences ont été refusées par le Comité, ce qui a réduit le salaire de trois millions et demi, et le secrétaire Cortelyou n'a fait aucune prétention d'audience lorsque son ordre autocratique a été émis réduisant le salaire du courrier d'environ cinq millions de dollars par an. Cet ordre constituait un exercice arbitraire, injustifié et illégal du pouvoir exécutif.

La dernière audience autorisée aux compagnies de chemin de fer sur ce sujet fut celle de la Commission Wolcott, de 1897 à 1900, composée d'éminents sénateurs et représentants. Ils ont indiqué, après deux ans d'enquête, que le salaire postal était raisonnable et ne devrait pas être réduit. Sur la question de savoir si les chemins de fer devraient être invités à transporter le courrier à perte, leur rapport exprimait les opinions suivantes :

"Il semble à la Commission que non seulement la justice et la bonne conscience, mais aussi l'efficacité du service postal et les meilleurs intérêts du pays exigent que la rémunération du courrier ferroviaire soit si clairement juste et raisonnable que, même si, d'une part, , le gouvernement recevra une *contrepartie* complète pour ses dépenses et le trésor public ne sera pas soumis à une ponction indue sur ses fonds, mais, d'autre part, le service postal ferroviaire supportera la proportion qui lui revient des dépenses encourues par le chemins de fer dans le maintien de leur organisation et de leurs activités ainsi que dans l'exploitation de leurs trains postaux.

« La transaction entre le gouvernement et les chemins de fer devrait être, et de l'avis de la Commission est, une relation contractuelle ; mais c'est un contrat entre le souverain et un sujet pour lequel ce dernier n'a pratiquement d'autre choix que d'accepter le termes formulés et exigés par le premier ; et, par conséquent, il incombe au souverain de veiller à ne pas tirer un avantage indu du sujet, ni à ne lui imposer un fardeau injuste, ni à « négocier durement » avec lui. , estime par conséquent que la détermination si la rémunération actuelle du courrier ferroviaire est excessive ou non devrait être obtenue, dans la mesure du possible, sur une base commerciale et conformément aux principes et considérations qui contrôlent les transactions commerciales ordinaires entre particuliers.

LE PAIEMENT DE LA VOITURE POSTALE.

La grande crédibilité qui a été accordée à l'affirmation selon laquelle le gouvernement paie aux chemins de fer une rente annuelle pour les wagons postaux égale au coût de leur construction est remarquable.

Le gouvernement ne paie pas de location pour aucune voiture. L'idée est erronée et repose sur l'ignorance concernant le paiement de ce qu'on appelle le « Post Office Car Pay ».

À l'origine, le commerce du courrier sur les chemins de fer consistait en un transport de sacs postaux et était essentiellement un trafic de marchandises. Mais son caractère a entièrement changé.

L'activité consiste désormais presque entièrement à fournir des bureaux de poste mobiles, coûteux à construire et coûteux à exploiter, dans lesquels le poids moyen pour lequel une rémunération est reçue est d'environ deux tonnes dans des wagons postaux pleins et six cents livres dans des wagons d'appartements.

Le ministère des Postes a pesé tout le courrier transporté dans tous les wagons postaux et appartements du pays en octobre 1907, et le poids moyen du courrier sur la route de Burlington chargé dans un wagon postal de quarante pieds s'est avéré inférieur à 2 000 livres. ; dans les voitures de cinquante pieds, c'était 2 500 livres ; et dans les voitures de soixante pieds, il pesait en moyenne moins de 4 500 livres ; dans les voitures d'appartement, c'était 607 livres.

La charge moyenne transportée dans un wagon de marchandises ordinaire sur la route de Burlington est de 36 000 à 40 000 livres. En règle générale, les chemins de fer transportent une tonne de fret payant ou productif pour chaque tonne de chargement mort ou improductif. Dans le secteur du courrier gouvernemental, ils transportent dix-neuf tonnes de poids mort pour chaque tonne de poids payant.

Ces voitures sont aménagées en bureaux de poste et sont utilisées pour la distribution en cours de route afin d'accélérer et de faciliter la transmission et la livraison rapides du courrier. Ils remplacent largement les bureaux de distribution très coûteux dans les villes.

Les chemins de fer fournissent des wagons pour le trafic de marchandises, mais ont refusé de construire, d'entretenir et de transporter ces bureaux de poste mobiles avec leurs employés et leur attirail, sans salaire. C'est le salaire des voitures de poste dont on parle tant.

La vérité concernant cet aspect du sujet est clairement énoncée dans la lettre récente suivante du ministre des Postes :

(*Congressional Record* , 5 mars 1910, 61e Congrès, deuxième session, vol. 45, n° 61, page 2852.)

ETTRE DU MINISTRE DES POSTES RELATIVE AU COÛT DE L'AMEUBLEMENT ET DE L'EXPLOITATION DES WAGONS DE POSTE DES CHEMINS DE FER.

"BUREAU DU MINISTRE DES POSTES,
WASHINGTON, DC , 2 mars 1910.

"L'honorable JOHN W. WEEKS , *président du comité des bureaux de poste et des routes postales, Chambre des représentants* .

" MON CHER MONSIEUR : En réponse à votre demande adressée au deuxième sous-ministre des Postes concernant le coût d'entretien et d'exploitation des wagons de poste et sa relation avec la compensation reçue par les compagnies de chemin de fer pour cela et votre référence au discours prononcé par le sénateur Vilas sur le sujet au Sénat des États-Unis, le 13 février 1895, j'ai l'honneur de vous informer de ce qui suit :

"Le ministère ne dispose pas à l'heure actuelle de suffisamment d'informations sur ce point pour pouvoir donner, à partir de ses propres dossiers, une estimation fiable. Comme vous le savez, nous avons récemment demandé aux compagnies de chemin de fer de soumettre des réponses à des demandes de renseignements concernant le coût d'exploitation du service postal. et nous pensons que lorsque nous les aurons reçues , nous serons en mesure de fournir de telles informations. Dans la mesure cependant, dans la mesure où il peut être important pour vous d'avoir des estimations faites de temps à autre par d'autres et des informations incomplètes que nous avoir actuellement, je soumets ce qui suit :

"Le coût d'exploitation d'un wagon-poste a été estimé de diverses manières (mais pas officiellement par le ministère) entre 15 et 30 cents par wagon-mile. Le trajet moyen par jour d'un tel wagon est d'environ 300 milles. L'estimation du coût à 18 cents par kilomètre de voiture, le coût total d'exploitation d'une telle voiture pendant un an serait de 19 710 $.

"Les éléments précis qui constituent ce coût total ne sont pas connus avec certitude du Ministère. Cependant, quant aux coûts d'éclairage, de nettoyage, de réparations, etc., le surintendant général du service postal ferroviaire a fourni les estimations suivantes à la Commission pour enquêter sur le service postal en 1899, à savoir : éclairage, 276 $; chauffage, 365 $; nettoyage, eau, glace, huile, etc., 365 $; réparations, 350 $; proportion du coût initial de la voiture (estimant la durée de vie d'une voiture à quinze ans et le coût initial était de 6 000 $), 400 $; total, 1 756 $. Une enquête récente donne comme coût approximatif de l'entretien d'une voiture à l'heure actuelle : éclairage (électrique), 444 $; chauffage, 150 $; nettoyage, 360 $; réparations, 300 $; huile et laiton, 120 $; intérêts sur le coût de la voiture (à 7 500 $), 300 $; détérioration annuelle (estimant la durée de vie d'une voiture à vingt ans), 375 $; total, 2 049 $. Ces chiffres donnent le coût d'une voiture construite selon les Spécifications standard du ministère. Le coût des wagons en acier modernes construits par certaines compagnies de chemin de fer est de 14 000 à 15 000 dollars.

« La compensation reçue par une compagnie de chemin de fer pour l'exploitation d'un wagon et le transport du courrier à l'intérieur serait approximativement la suivante :

"Le salaire pour un wagon de 60 pieds, à 40 dollars le mile par an, pour un kilométrage de 150 milles, serait de 6 000 dollars. La charge moyenne d'un wagon de 60 pieds, selon des statistiques obtenues récemment, est de 2,83 tonnes. le tarif par tonne d'un poids quotidien moyen de 50 000 livres transporté sur le trajet est de 25,06 $. À ce tarif, la compagnie recevrait 10 637,97 $ par an pour la charge moyenne de courrier transporté dans le wagon. Cette somme s'ajoute au tarif spécifique pour la poste ferroviaire . voiture de bureau (6 000 $), ce qui représente un salaire total pour la voiture et sa charge moyenne de 16 637,97 $ par an.

"L'argument du sénateur Vilas reposait sur la théorie selon laquelle les tarifs fixés pour le seul transport ferroviaire, basés sur le poids du courrier transporté, constituent une compensation adéquate pour tous les services rendus, y compris l'exploitation des wagons de poste, et que, par conséquent, les compagnies de chemin de fer seraient tenues d'exploiter des wagons postaux appartenant au ministère des Postes moyennant la compensation autorisée par la loi pour le seul poids du courrier, y compris l'espace et les installations des wagons d'appartements. Une telle théorie n'est pas justifiée par les faits, comme il ressort de ce qui suit:

"Une lecture attentive des débats dans les deux Chambres du Congrès qui ont conduit à l'adoption de la loi actuelle fixant le taux de rémunération pour le transport ferroviaire du courrier et pour les wagons-poste indique clairement que la compensation supplémentaire pour les wagons-poste a été destiné à couvrir les dépenses supplémentaires imposées aux compagnies ferroviaires pour la construction, l'entretien et le transport de tels wagons. Les compagnies insistaient alors sur le fait que ces wagons, qui étaient pratiquement des bureaux de poste ambulants, ne transportaient pas de charge rémunératrice et que, par conséquent, le montant la rémunération, basée sur le poids, ne les rémunère pas pour leur fonctionnement, ce qui a conduit à l'octroi d'un crédit spécifique pour les wagons de poste ferroviaire. À cet égard, il convient de garder à l'esprit que le but du wagon de poste ferroviaire est de fournir un espace suffisant et des installations pour le traitement et la distribution du courrier en cours de route. Par conséquent, l'espace requis est beaucoup plus grand que celui qui serait nécessaire pour simplement transporter le même poids de courrier.

"En ce qui concerne toute proposition visant à ce que l'État soit propriétaire des wagons postaux, d'autres faits ainsi que ceux ci-dessus devraient être pris en considération. Ces wagons doivent être révisés, nettoyés et inspectés quotidiennement. Il serait nécessaire soit de prendre des dispositions avec les compagnies ferroviaires à cet effet. service ou que le ministère emploie ses propres inspecteurs, réparateurs et nettoyeurs de voitures dans un grand nombre d'endroits à travers le pays, ce qui coûterait probablement plus cher que ce qu'il en coûte actuellement aux compagnies de chemin de fer. Il est possible de créer un atelier de réparation gouvernemental . Par conséquent, le ministère serait obligé d'utiliser les ateliers de plusieurs compagnies de chemin de fer à travers le pays. Sans la surveillance et l'attention les plus étroites des inspecteurs du gouvernement, on ne pourrait guère s'attendre à ce que nos wagons reçoivent le même dans les ateliers ferroviaires, comme ceux appartenant aux compagnies de chemin de fer. Ces ateliers sont fréquemment encombrés, et il est probable que les travaux ferroviaires auraient la préférence.

" Votre sincèrement
", FRANK H. HITCHCOCK,
" *Ministre des Postes* ".

La Commission Wolcott a soigneusement étudié toute la question du paiement des voitures postales et ses conclusions concernant cette forme de compensation et son caractère raisonnable sont exposées dans son rapport dans la langue suivante :

"Jusqu'à une période relativement courte, avant 1873, la distribution du courrier en transit était inconnue. Avant la fin des années 60, les chemins de fer transportaient simplement le courrier, qui était livré aux bureaux de poste et distribué là-bas. En conséquence, le "poids" comme base d'indemnisation était au moment de son adoption et longtemps après tout à fait adéquate.

"Pendant quelques années cependant, avant 1873, la distribution du courrier en transit avait été pratiquée dans une mesure suffisante pour convaincre le Département des Postes et le Congrès qu'il s'agissait d'une innovation souhaitable et d'une branche du service postal qui devait être très Mais il fut reconnu que si les chemins de fer devaient non seulement transporter le courrier eux-mêmes, mais aussi fournir, équiper et transporter les bureaux de poste pour la distribution du courrier, la compensation au poids qui avait été obtenue jusqu'alors n'était pas tout à fait adéquat et juste, et c'est pourquoi la loi de 1873, comme nous l'avons déjà indiqué, contenait une disposition autorisant une compensation supplémentaire pour les wagons de chemin de fer postaux. Au début, ces wagons n'excédaient pour la plupart pas 40 ou 45 pieds de longueur et de construction légère, semblables aux bagages et aux voitures express.

"Cependant, à cause de la politique du ministère, qui consiste à exiger constamment des installations de mieux en mieux de la part des chemins de fer et à introduire toutes les améliorations qui pourraient être découvertes, il est arrivé qu'aujourd'hui, les wagons de poste des chemins de fer, à l'exception des quelques-uns, obsolètes, qui sont abandonnés aussi rapidement que possible, sont des structures élaborées, pesant entre 90 000 et 100 000 livres ; construites aussi solidement et équipées, dans la mesure où elles sont adaptées à l'usage pour lequel elles sont destinées, aussi coûteuses que le meilleur Pullman. et voitures de salon ; coûtant entre 5 200 $ et 6 500 $; entretenues au coût de 2 000 $ par an ; parcourant en moyenne 100 000 milles par an ; équipées des meilleurs appareils pour l'éclairage, le chauffage, l'eau et autres conforts et commodités ; placées dans position à l'usage des autorités postales de deux heures et demie à sept heures avant le départ du train sur lequel elles doivent être transportées, et en raison du petit espace qui y est réservé pour le transport effectif des dépêches accompagnées sur le les lignes plus denses par des wagons de stockage pour lesquels aucune compensation supplémentaire n'est versée par le Gouvernement et sur les lignes les moins denses, le plus gros volume de courrier est transporté dans les fourgons à bagages sans compensation supplémentaire pour le wagon.

"Ces wagons sont construits et aménagés par les chemins de fer d'après les plans et devis fournis par le ministère, et la quantité de courrier qui y est transportée est déterminée exclusivement par les autorités postales. De ces deux faits il résulte que le chemin de fer doit transporter 100,000 livres de voiture alors que le poids du courrier réellement transporté n'est que de 3 500 à 5 000 livres, souvent beaucoup moins, et parfois un peu plus.

"Compte tenu de tous ces faits, tels que révélés par les témoignages déposés ci-joints, nous sommes d'avis que les 'prix payés * * * en compensation du service du wagon postal' ne sont pas excessifs, et recommandons qu'aucune réduction n'y soit opérée afin tant que les méthodes, conditions et exigences du service postal resteront les mêmes qu'actuellement.

TARIFS COURRIER ET TARIFS EXPRESS.

Aucun aspect de cette question n'a été plus constamment déformé que la valeur relative pour les chemins de fer du commerce du courrier et du commerce express.

Comme cela a été démontré ailleurs, le trafic express a 52 pour cent plus de valeur pour la route de Burlington que le courrier du gouvernement, sur la simple base de l'espace utilisé et des installations fournies dans les trains de voyageurs. Il existe de nombreuses autres considérations qui augmentent cette disparité de valeur en faveur de l'express, mais la référence à celles-ci est omise afin d'attirer l'attention du public sur les déclarations suivantes du ministre des Postes dans sa récente lettre sur le sujet :

(*Congressional Record* , 4 mars 1910, 61e Congrès, deuxième session, vol. 45, n° 60, page 2802.)

TRE DU MINISTRE DES POSTES RELATIVE AU SERVICE RENDU PAR LES COMPAGNIES DE CHEMIN DE FER EN RELATION AVEC LES COURRIERS ET AVEC L'EXPRESS.

" BUREAU DU MINISTRE DES POSTES ", WASHINGTON, DC , 31 janvier 1910.

"L'honorable JOHN W. WEEKS , *président du comité des bureaux de poste et des routes postales, Chambre des représentants* .

" MON CHER MONSIEUR : En réponse à votre demande concernant la différence entre le service rendu au Département des Postes par les compagnies de chemin de fer dans le transport et la manutention du courrier, et celui rendu par les compagnies de courrier express, je déclare que d'après les informations dont nous disposons pu obtenir au titre du service rendu aux sociétés express, la différence est essentiellement la suivante :

"Le ministère des Postes exige que la compagnie ferroviaire prenne le courrier du bureau de poste partout où le bureau se trouve à moins de 80 mètres du dépôt, et que la compagnie dispose d'un agent, et dans de nombreux cas, qu'elle effectue le service terminal quelle que soit la distance entre le bureau de poste et la gare. Partout où le service terminal est assuré par le ministère, au moyen d'un service de régulation ou de wagons-écrans, l'entrepreneur livre le courrier à un endroit déterminé du dépôt, et de ce point les employés des chemins de fer le transportent jusqu'à les wagons, et si le montant est si important qu'il imposerait des difficultés aux employés des postes pour charger et stocker ce courrier, la compagnie ferroviaire est appelée à fournir des porteurs pour effectuer le travail. Les compagnies express transportent toutes leurs affaires jusqu'aux gares et les mettent dans les wagons, avec leurs propres employés et leurs propres camions.

"Les voitures fournies par le ministère des Postes et celles fournies par les sociétés de transport express diffèrent très sensiblement. Les premières sont construites selon les spécifications fournies par le ministère et sont entièrement équipées de boîtes aux lettres, de casiers à papier, de tiroirs et de casiers pour le courrier recommandé et les fournitures. , et tout l'équipement nécessaire à la distribution du courrier en cours de route. Les wagons fournis par les compagnies express ont très peu, voire pas du tout, de mobilier intérieur et ressemblent davantage aux wagons utilisés pour le transport des bagages. Dans les deux cas, les wagons utilisés appartiennent à la compagnie ferroviaire.

"Le nombre d'employés transportés pour le Département des Postes est beaucoup plus élevé que pour les sociétés de courrier express. Il y a fréquemment cinq ou six employés dans les wagons postaux et dans les trains postaux rapides, où il y a deux ou trois wagons en service par train. , ce nombre s'élève jusqu'à 23. L'express nécessite rarement plus de deux hommes dans une voiture.

"Le ministère des Postes réclame dans les dépôts autant d'espace, sans paiement spécifique, que cela peut être nécessaire pour le stockage et la manutention du courrier en transit. Les compagnies de courrier express sont tenues de payer aux compagnies de chemin de fer pour tout l'espace utilisé dans les dépôts.

"Sur les lignes plus petites, un appartement séparé doit être aménagé pour les courriers autres que les envois-bagages. L'envoi express est généralement placé dans le fourgon à bagages.

« A l'arrivée aux terminaux, la compagnie ferroviaire peut être tenue de décharger un wagon postal, si la quantité est de nature à imposer une gêne aux commis, et de veiller à ce qu'il soit chargé dans les wagons de l'entrepreneur ; ou, si le service du terminal incombe à la compagnie de chemin de fer, qu'il soit livré à la poste. La compagnie de courrier express décharge et traite elle-même ses affaires.

"Les compagnies de chemin de fer et de transport express font souvent appel à un employé commun pour s'occuper des bagages et du transport express, économisant ainsi les frais d'assistance. Cela est très rarement possible dans le cadre du service postal.

"La compagnie ferroviaire est chargée de tous les bagages postaux en transit, les réceptionne et les délivre depuis les wagons. Elle gère également d'autres courriers lorsque cela est nécessaire pour les transférer entre les wagons ou les trains. Elle est tenue responsable du soin raisonnable apporté à leur transport. Déductions sont imposées en cas de non-exécution du service conformément au contrat et des amendes sont imposées en cas de retard. La société est tenue de tenir un registre de tous les envois de pochettes transportés dans les trains sous la responsabilité de leurs employés et traités dans les gares où plus d'une pochette d'échange régulière est impliqué et aucun commis au transfert du courrier n'est localisé, et de préparer et d'envoyer des bordereaux de pénurie lorsqu'une pochette est due et n'est pas reçue. Ils sont tenus de faire des affidavits mensuels quant à l'exécution du service. Il est entendu que l'entreprise n'assume jamais le contrôle des affaires expresses. Le ministère n'est pas informé des termes des contrats entre les compagnies de chemin de fer et de courrier express et ne peut donc pas préciser quelle responsabilité est imposée en matière de transport.

"Les grues postales pour l'échange du courrier aux endroits où les trains ne s'arrêtent pas sont érigées et entretenues en réparation par et aux frais de la compagnie ferroviaire, dont les employés doivent accrocher le sac postal à la grue et l'ajuster pour l'attraper aux endroits où le La société fournit un service secondaire. Les collecteurs de courrier sont également fournis par eux. Aucun service de ce caractère n'est rendu par les sociétés express.

"Une compagnie de chemin de fer est tenue par la loi de transporter le courrier sur tout train pouvant circuler, lorsque le ministre des Postes l'ordonne, sans frais supplémentaires, et en conséquence, le courrier est transporté sur les trains les plus rapides et avec une grande fréquence. Les matières express ne sont généralement pas transportées dans les trains de voyageurs rapides et limités, ni avec la fréquence à laquelle le courrier est transporté.

"À cet égard, votre attention est attirée sur les pages 84 à 94, 516, 517, 860 à 863, partie 1, et les pages 687 à 696, partie 2, du témoignage devant la

Commission du Congrès qui a enquêté sur le service postal en 1900 - Wolcott. -Commission forte.

" Votre très sincèrement
" FH HITCHCOCK ,
" *Ministre des Postes* " .

Le gouvernement ne possède aucun chemin de fer, mais, dans le système actuel, le ministère des Postes dicte aux compagnies de chemin de fer sur quels trains de voyageurs et dans quel genre de wagons le courrier doit être transporté. Il insiste sur l'espace et les installations qu'il juge nécessaires pour que le courrier soit acheminé sur les trains les plus rapides et les plus chers et exige que ces trains respectent leurs horaires rapides ; cela signifie que tous les autres trains sur la route sont détournés et retardés chaque fois que cela est nécessaire pour accélérer le traitement du courrier.

De telles fonctionnalités n'existent pas dans le secteur express.

En exigeant un trafic préférentiel, le gouvernement devrait être prêt à payer pour cela plus que les tarifs express. En fait, cela paie beaucoup moins que les tarifs express.

Le témoin le plus compétent et le plus compétent qui a comparu devant la Commission Wolcott sur ce sujet était Henry S. Julier , vice-président et directeur général de la société American Express, qui a déclaré : « Sans aucun doute, le gouvernement offre de loin le service le moins cher.

M. Julier a en outre déclaré que sept livres représentent le poids moyen des colis envoyés par express, et que le colis de sept livres est le colis express typique et que, par conséquent, les revenus provenant du transport de tels colis sont le véritable indice des tarifs réellement perçus. Certains chemins de fer reçoivent comme compensation cinquante pour cent des revenus de la compagnie express ; la CB & Q. reçoit cinquante-sept pour cent et demi.

M. Julier de déposer des relevés démontrant, d'après les tarifs en vigueur, exactement les revenus au quintal reçus par la compagnie ferroviaire de l'express en comparaison avec les tarifs postaux. Il a déposé ce qui suit :

Tableau indiquant les tarifs reçus par les chemins de fer par centaine de poids pour les courriers et les tarifs reçus pour l'express entre les points nommés.

Distance.	MAIL. Tarif par 100 livres autorisé par les compagnies ferroviaires lors de la dernière pesée, y compris la	EXPRIMER. 50 pour cent des revenus des compagnies express sur quatorze colis de 7 livres pesant au

		rémunération des wagons postaux.	total 100 livres, donnent aux compagnies de chemin de fer le taux par 100 livres indiqué ci-dessous.
New York à			
Buffle	440	1,58 $	2,80 $
Chicago	980	3,57	4,55
Omaha	1 480	5.38	5,95
Indianapolis	906	3.27	4,55
Colomb	761	2,49	3,85
Est de Saint-Louis	1 171	4.38	4,90
Portland, moi.	347	1,33	2,80
Chicago à			
Milwaukee	85	.34	2.10
Minneapolis	421	1,83	3,85
La Nouvelle Orléans	922	5.27	5,95
Détroit	284	1,34	2,80
Cincinnati	306	1.20	3.15
Cincinnati à			
Saint Louis	374	1,61	3.15
Chicago	306	1.20	3.15
Cleveland	263	1.26	2,80

Depuis le dépôt de ces statistiques, les tarifs payés aux chemins de fer pour le transport du courrier ont été réduits de près d'un cinquième.

Les déclarations du ministre des Postes et les statistiques confirment l'évidence de ces rapports, à savoir que le commerce du courrier express est beaucoup plus précieux pour les compagnies de chemin de fer que le commerce du courrier du gouvernement.

WW Baldwin,
vice-président .

John   DeWitt,
agent   de   courrier   général   .

Mai 1910.

ANNEXE.

Pièce A.

[Formulaire 2601.]

Il y a dans les dossiers du ministère des Postes cent deux relevés distincts indiquant, pour le mois de novembre, pour chaque itinéraire postal du système de Burlington, l'espace occupé et utilisé pour le courrier, pour l'express et pour les passagers.

Pour faire une comparaison, il était bien entendu nécessaire de réduire chaque élément d'espace utilisé dans chaque wagon à une base commune de pieds, et le tableau suivant montre quelles sont les commodités réelles fournies dans les trains de voyageurs pour les trois classes de trafic. réduit à un espace linéaire en pied de voiture :

Kilométrage au pied de la voiture.

Mail.	*Passagers.*	*Exprimer.*
62 246 130	428 164 920	39 525 540
(11,75%)	(80,8%)	(7,45%)

Pièce B.

[Formulaire 2602.]

Installations de gare fournies pour le courrier et l'express et valeur des autres articles de service rendus.

Frais de courrier.

Coût mensuel de traitement du courrier dans les gares, main d'œuvre, etc.	14 241,67 $
Valeur locative mensuelle des salles de courrier dans les gares	1 008,61

Valeur locative mensuelle des voies
occupées par les wagons postaux
pour distribution anticipée 157,69

Coût de l'éclairage et du chauffage
des wagons postaux pour
distribution anticipée 114.25

Valeur de 309 827 miles de
transport gratuit pour les employés
des postes, sans compter les
commis des postes en charge du 6
courrier 196,54

Changer de wagon postal pour une 2
distribution anticipée 795,80

24
Total pour novembre 514,56
$

Ce qui précède n'inclut pas la valeur locative de l'espace fourni par la compagnie ferroviaire au gouvernement pour la manutention du courrier et des camions postaux sur les quais des gares et pour le stockage du courrier sur les quais des grands terminaux. Il s'agit d'un sujet important, mais il n'était pas nécessaire d'avoir des statistiques sur cet espace utilisé. À la gare de Chicago, un espace de plus de 6 500 pieds carrés est consacré exclusivement au courrier traité par Burlington et la Pennsylvanie.

En plus de ce qui précède, la Compagnie de Burlington a transporté dans ses trains, au cours du mois de novembre, les commis des postes chargés du courrier pour le gouvernement sur une distance totale de 3,109,747 milles.

Si le gouvernement avait payé leur billet à deux cents le mile, le montant payé aurait été de 62 174,94 $.

Ces éléments d'installations de gare et autres services rendus au gouvernement pour les courriers s'élevaient à $86,689 pour novembre, soit à raison de plus d'un million de dollars annuellement.

Valeur locative des locaux des
bâtiments de gare utilisés pour le   488,68 $

transport express et pour
lesquels aucun loyer n'est payé

Valeur locative des voies utilisées
pour le chargement anticipé des
express   191.11

Valeur de 42 298 miles de
transport gratuit pour les
fonctionnaires et employés de la
société Express à deux cents par
mile.   885,96

                                          1 565,75 $

En plus de ce qui précède, les agents et employés de la compagnie de chemin de fer ont rendu au mois de novembre des services aux gares en matière de manutention express et autres pour la compagnie express pour la somme de 10,274 $, mais la compagnie express a payé aux mêmes personnes 14,538 $. en commissions.

La Compagnie Express a également partagé les salaires versés à certains bagagistes et autres employés conjoints du train en novembre pour un montant de 7,480 $, en plus du paiement des commissions, comme mentionné ci-dessus.

Tous les postes de dépenses de la compagnie de chemin de fer au titre de l'express, en termes d'espace fourni et de transport gratuit aux employés, et de services des agents de gare, s'élèvent à 11,840 $, tandis que les paiements en espèces effectués indirectement par la compagnie de chemin de fer à la compagnie de chemin de fer, par les paiements de commissions aux agents de gare et les salaires des bagagistes s'élèvent à 22 018 $, soit un gain pécuniaire ou revenu d'express de 10 178 $ par mois, soit au taux de 124 136 $ par an, comparativement à une dépense annuelle importante au titre des courriers comme indiqué dans les éléments précédents.

Pièce C.

[Formulaire 2603.]

Revenus et dépenses et kilométrage des trains et des voitures.

Revenus.

Recettes en novembre de tout le
trafic passagers (hors courrier et
express)   1 859 839 $

Reçus d'Express   187 825

Reçus de courriers   194 435

           Total   2 242 099 $

Dépenses.

Dépenses totales d'exploitation
de la route pour novembre   5 452 830 $

Dépenses d'exploitation des
passagers, ainsi qu'un douzième
des taxes et un douzième des
intérêts sur la dette financée   2 365 521 $

Les dépenses d'exploitation passagers se répartissent comme suit :

Dépenses attribuables.

Frais de transport	454 208 $
Moteurs de carburant pour passagers	132 709 $
Salaires ingénieurs passagers	100 511
Salaires des agents de train voyageurs	87 557
Fournitures de train, etc.	55 664
Blessures aux personnes	19 904
Employés de la gare	17 160
Cours et terminaux communs	15 610
Divers	25 093

Entretien des équipements		107 626 $
Réparations, voitures particulières	67 650 $	
Amortissement, voitures particulières	39 639	
Divers	337	
Frais de circulation		48 971 $
Publicité	17 249 $	
Agences extérieures	16 673	
Surveillance	10 272	
Divers	4 777	
Entretien du chemin, etc.		12 970 $
Bâtiments et terrains	7 053 $	
Pistes communes, etc.	4 440	
Divers	1 477	
Frais généraux		13 580 $
Salaires, commis, etc.	8 994 $	
Assurance	2 478	
Frais juridiques	1 153	
Divers	955	
Total		637 355 $

Proportion des dépenses non attribuables.

Dépenses de fonctionnement	1 278 016 $	
Impôts et intérêts	450 150	
		1 728 166 $
Total		2 365 521 $

La pièce A montre que l'espace total dans tous les wagons circulant sur les trains de voyageurs sur le Burlington en novembre était divisé comme suit :

Passagers occupés	80,8 % de l'espace.
Mail	11,75% de l'espace.
Exprimer	7,45% de l'espace.

Si chacune de ces trois catégories de trafic avait contribué aux revenus et payé des dépenses proportionnellement à l'espace qu'elle occupe, le résultat en termes de profit ou de perte comparatif pour l'entreprise aurait été le suivant :

Bénéfice et perte comparatifs.

	Gains.	*Dépenses.*	*Profit.*	*Perte.*
Passagers	1 859 839 $	1 911 341 $		51 502 $
Mail	194 435	277 949		83 514
Exprimer	187 825	176 231	11 594 $	
	2 242 099 $	2 365 521 $		

Si le gouvernement avait payé à la Burlington Company pour le transport du courrier 11,75 % du coût réel des travaux, ainsi qu'une partie des taxes et intérêts sur la dette financée, il aurait, pour novembre, payé 83 514 $ de plus que ce qui a été payé. , indiquant que pour l'année, le gouvernement paie 1 002 168 $ de moins que le juste coût réel du service qu'il reçoit.

Pièce D.

[Formulaire 2605.]

Relevé des wagons postaux et des wagons-appartements.

Voitures postales.

Type de voiture	Nombre détenu	Coût moyen initial	Valeur moyenne actuelle
60 pieds ou plus de longueur	49	5 176,00 $	4 669,84 $
50 à 59 pieds de longueur	dix	4 116,00	2 595,70
Moins de 50 pieds de longueur	17	2 555,00	2 094,41
Total	76	4 451,00 $	3 820,84 $

Voitures d'appartement.

Type de voiture	Nombre détenu	Coût moyen initial	Valeur moyenne actuelle
Voitures avec appartements postaux de 30 pieds ou plus de longueur	27	3 888,00 $	2 112,78 $
Voitures avec appartements postaux de 25 à 29 pieds de longueur	21	3 660,00	2 004,95
Voitures avec appartements postaux de 20 à 24 pieds de longueur	22	3 292,00	1 810,50
Voitures avec appartements	31	3 106,00	1 729,35

postaux de
moins de 20
pieds de
longueur

Total   104   3 460,00 $ 1 901,71 $